WATER MARGIN
《水浒传》

四大名著
中国文学史上的重要著作

QING QING JIANG

江清清

PREFACE

I hope you have been enjoying learning Mandarin Chinese. Now it's time to learn about Chinese literature.

I'm more than glad to bring you to the Chinese Literature series. In this series, I'll introduce you to some of the most important novels of Chinese literature (中国文学史上的重要著作), including the Four Great Classical Novels (中国古典四大名著). These literary masterpieces are extremely popular in China and around the world.

The books in Chinese Literature series contain numerous lessons in Mandarin Chinese. We start with a brief introduction of the book in the preface (前言) in Chinese and pinyin, a bit detailed introduction to the treatise/novel (in English), and continue to dig the corresponding masterpiece in different chapters. Each book contains 7 to 10 chapters made of simple Chinese sentences. For the readers' convenience, a comprehensive vocabulary has been provided at the beginning of each chapter. The pinyin for the Chinese text is provided after the main text. Further, to enforce a deeper Chinese learning, the English interpretation of the Chinese text has been deliberately excluded from the books. This would help the readers think deeply about the contents the way native Chinese do! In order to help the students of Mandarin Chinese remember important characters, words, long words, idioms, etc., these entities have been purposely repeated throughout the book, and across the books in the series. Taken together, the books in Chinese Literature series will tremendously help readers improve their Chinese, especially the reading skills.

If you have any questions, suggestions, and feedbacks, feel free to let me know in the review or comments.

You can find more about China and Chinese culture on my blog and Amazon homepage.

I blog at: www.QuoraChinese.com

-Qing Qing 江清清

©2023 Qing Qing Jiang

All rights reserved.

CHINESE LITERATURE

SELF-LEARN READING

MANDARIN CHINESE, VOCABULARY,

EASY SENTENCES,

HSK ALL LEVELS

(PINYIN, SIMPLIFIED CHARACTERS)

ACKNOWLEDGMENTS

I am a blogger. It has been a long and interesting journey since I started blogging quite a few years ago.

The blogging passion enabled me to write useful contents. In particular, I have been writing about China, and its culture.

My passion in writing was supported by my friends, colleagues, and most importantly, the almighty.

I thank everyone for constantly inspiring me in my life endeavours.

CONTENTS

PREFACE 2

ACKNOWLEDGMENTS 4

CONTENTS 5

INTRODUCTION TO WATER MARGIN (水浒传的简介) 8

NAME OF 108 HEROES 10

SONG JIANG'S THREE BATTLES OF ZHUJIAZHUANG (宋江三打祝家庄)
.... 18

WU SONG FIGHTS THE TIGER (武松打虎) 23

LIN JIAOTOU FACES WIND AND SNOW (林教头风雪山神庙) 30

WU YONG TAKES BIRTHDAY GIFTS (吴用智取生辰纲) 41

REAL AND FAKE LI KUI (真假李逵) 47

前言

　　《水浒传》同样也是作为中国四大名著之一，是明代作家施耐庵所著，描写的是以宋江为首的各路英雄好汉起义的故事。这个故事在历史上也是有原型的，指的是宋朝期间宋江领导的农民起义，但最后以失败告终。书中除了宋江，还有许许多多的绿林好汉，传说中的一百零八好汉就是出自《水浒传》。武松打虎，逼上梁山的故事广为人知。书中的一个个人物的形象的十分鲜明，通过阅读《水浒传》，仿佛可以穿越历史与这些人物对话，这就是名著的魅力所在，跨越了时间和空间。尽管过去了很久，仍然吸引着一代一代人去阅读，影响着一代又一代的人。《水浒传》也是一篇长篇小说，书中的人物除了一百零八好汉还有很多很多，我们就不一一赘述了，我们主要选取其中的六个人物以及他们经典的故事，快跟我一起往下看吧。

"Shuǐhǔ zhuàn" tóngyàng yěshì zuòwéi zhōngguó sì dà míngzhù zhī yī, shì míngdài zuòjiā shī nài ān suǒzhe, miáoxiě de shì yǐ sòngjiāng wéishǒu de gè lù yīngxióng hǎohàn qǐyì de gùshì. Zhège gùshì zài lìshǐ shàng yěshì yǒu yuánxíng de, zhǐ de shì sòngcháo qíjiān sòngjiāng lǐngdǎo de nóngmín qǐyì, dàn zuìhòu yǐ shībài gàozhōng. Shū zhōng chúle sòngjiāng, hái yǒu xǔ xǔduō duō de lùlín hǎohàn, chuánshuō zhōng de yībǎi líng bā hǎohàn jiùshì chūzì "shuǐhǔ zhuàn". Wǔsōng dǎ hǔ, bīshàngliángshān de gùshì guǎngwéirénzhī. Shū zhōng de yīgè gè rénwù de xíngxiàng de shífēn xiānmíng, tōngguò yuèdú "shuǐhǔ zhuàn", fǎngfú kěyǐ chuānyuè lìshǐ yǔ zhèxiē rénwù duìhuà, zhè jiùshì míngzhù de mèilì suǒzài, kuàyuèle shíjiān hé kōngjiān. Jǐnguǎn guòqùle hěnjiǔ, réngrán xīyǐnzhe yīdài yīdài rén qù yuèdú, yǐngxiǎngzhe yīdài yòu yīdài de rén. "Shuǐhǔ zhuàn" yěshì yī piān chángpiān xiǎoshuō, shū zhōng de rénwù chúle yībǎi líng bā hǎohàn hái yǒu hěnduō hěnduō, wǒmen jiù bù yīyī zhuìshùle, wǒmen zhǔyào xuǎnqǔ qízhōng de liù gè rénwù yǐjí tāmen jīngdiǎn de gùshì, kuài gēn wǒ yīqǐ wǎng xià kàn ba.

INTRODUCTION TO WATER MARGIN (水浒传的简介)

Water Margin 《水浒传》 -- also known as All Men Are Brothers, and Outlaws of the Marsh -- is a chapter style (章回体) novel written by Shi Naian (施耐庵, 1296-1370) in the late Yuan and early Ming Dynasty (元末明初).

Because "Water Margin" is the first long-length chapter style vernacular novel in Chinese history to praise the peasant uprising, the novel is of great significance in the history of Chinese and world literature. Hence, so Shi Naian is known as "the father of Chinese novels" (中国长篇小说之父).

The novel "Water Margin" describes the peasant uprising led by Song Jiang (宋江), a native of Shandong, in the late Northern Song Dynasty (北宋末年). Based on the realities and folklore, Shi Naian recreated this novel.

The work describes the whole process of the uprising: from its occurrence, its development to its failure. The novel has 108 heroes (英雄) who faced social problems and were forced to revolt in Liangshan (梁山起义). The 108 heroes were led by Song Jiang in the uprising. The heroes claimed to obey the will of god, vowed to eliminate social problems, and rebelled against the government. The novel profoundly exposes the darkness and corruption of the society at that time, vividly points out that "official forcing the people to rebel" as the root cause of the peasant uprising. The author praises the spirit of the heroes of the uprising to rise up and resist. It also stresses on loyalty to the monarch and absolute loyalty to friends. The idea of stressing loyalty reflects the incompleteness of the peasant uprising and the internal contradictions as the reasons for the failure of the uprising. Many scholars have pointed out that this story also tells us an ugly truth: it is best not to fight with the government, no matter how powerful we are.

With the popularity of this classic, many of the stories about the characters of the Water Margin also became widely known. Here are some of the well-known stories in the Water Margin:

1. Wusong fighting the tiger (武松打虎)

2. Fengxueshan Temple (风雪山神庙)

3. Inverted weeping willows (倒拔垂杨柳)

4. Yiling killing four tigers (沂岭杀四虎)

Water Margin is one of the four famous Chinese classics (中国古典四大名著之一). After its publication, it had a huge impact on the Chinese society and became a model of writing Chinese novel in the later generations.

NAME OF 108 HEROES

The author gave the 108 heroes unique names and nicknames. Some even had two nicknames. Certainly, there were reasons behind each of these names and nicknames.

For example, Song Jiang (宋江) has two nicknames: 及时雨 and 呼保义.

- ✓ 呼 (hū): call, shout
- ✓ 保 (bǎo): defend
- ✓ 义 (yì): justice; righteousness
- ✓ 及时雨 (jí shí yǔ): timely rain

In ancient China, timely rain has been very important for the peasants as it ensured the proper harvest.

In Song Jiang's name, 及时雨 refers to his righteousness, willing to help the poor and the needy, which can be seen in his role in the novel.

Song Jiang expresses humility by "calling himself Baoyi", which means that he is a humble person.

In the Water Margin, there is a saying: "Call the group to protect the righteousness" (呼群保义).

Generally speaking, the word Hu Baoyi actually refers to Song Jiang's attitude towards the country, towards the court, and towards the emperor.

	Names	Names	Pinyin	Nicknames	Pinyin	Names + nicknames
1	**Song Jiang**	宋江	Sòng Jiāng	及时雨/呼保义	Jíshíyǔ, Hū Bǎo Yì	及时雨呼保义:宋江
2	**Lu Junyi**	卢俊义	Lújùnyì	玉麒麟	Yù Qílín	玉麒麟:卢俊义
3	**Wu Yong**	吴用	Wú Yòng	智多星	Zhìduōxīng	智多星:吴用
4	**Gongsun Sheng**	公孙胜	Gōngsūn Shèng	入云龙	Rù Yúnlóng	入云龙:公孙胜
5	**Guan Sheng**	关胜	Guān Shèng	大刀	Dàdāo	大刀:关胜
6	**Lin Chong**	林冲	Línchōng	豹子头	Bàozi Tóu	豹子头:林冲
7	**Qin Ming**	秦明	Qín Míng	霹雳火	Pīlì Huǒ	霹雳火:秦明
8	**Hu Yanzhuo**	呼延灼	Hūyán Zhuó	双鞭	Shuāng Biān	双鞭:呼延灼
9	**Hua Rong**	花荣	Huā Róng	小李广	Xiǎo Lǐ Guǎng	小李广:花荣
10	**Chai Jin**	柴进	Chái Jìn	小旋风	Xiǎo Xuànfēng	小旋风:柴进
11	**Li Ying**	李应	Lǐ Yīng	扑天雕	Pū Tiān Diāo	扑天雕:李应
12	**Zhu Tong**	朱仝	Zhū Tóng	美髯公	Měirán Gōng	美髯公:朱仝
13	**Lu Zhishen**	鲁智深	Lǔzhìshēn	花和尚	Huāhéshàng	花和尚:鲁智深
14	**Wu Song**	武松	Wǔsōng	行者	Xíngzhě	行者:武松
15	**Dong Ping**	董平	Dǒng Píng	双枪将	Shuāng Qiāng Jiāng	双枪将:董平
16	**Zhang Qing**	张清	Zhāng Qīng	没羽箭	Méi Yǔ Jiàn	没羽箭:张清

17	**Zhi Yang**	杨志	Yáng Zhì	青面兽	Qīng Miàn Shòu	青面兽:杨志
18	**Xu Ning**	徐宁	Xú Níng	金枪手	Jīn Qiāngshǒu	金枪手:徐宁
19	**Suo Chao**	索超	Suǒ Chāo	急先锋	Jí Xiānfēng	急先锋:索超
20	**Dai Zong**	戴宗	Dàizōng	神行太保	Shén Xíng Tàibǎo	神行太保:戴宗
21	**Liu Tang**	刘唐	Liú Táng	赤发鬼	Chì Fā Guǐ	赤发鬼:刘唐
22	**Li Kui**	李逵	Lǐkuí	黑旋风	Hēi Xuànfēng	黑旋风:李逵
23	**Shi Jin**	史进	Shǐ Jìn	九纹龙	Jiǔ Wén Lóng	九纹龙:史进
24	**Mu Hong**	穆弘	Mù Hóng	没遮拦	Méi Zhēlán	没遮拦:穆弘
25	**Lei Heng**	雷横	Léi Héng	插翅虎	Chā Chì Hǔ	插翅虎:雷横
26	**Li Jun**	李俊	Lǐ Jùn	混江龙	Hùn Jiāng Lóng	混江龙:李俊
27	**Ruan Xiaoer**	阮小二	Ruǎn Xiǎo Èr	立地太岁	Lìdì Tàisuì	立地太岁:阮小二
28	**Zhang Heng**	张横	Zhāng Héng	船火儿	Chuán Huǒ Er	船火儿:张横
29	**Ruan Xiaowu**	阮小五	Ruǎn Xiǎo Wǔ	短命二郎	Duǎnmìng Èrláng	短命二郎:阮小五
30	**Shun Zhang**	张顺	Zhāng Shùn	浪里白条/浪里白跳	Làng Lǐ Báitiáo, Làng Lǐ Bái Tiào	浪里白条/浪里白跳:张顺
31	**Ruan Xiaoqi**	阮小七	Ruǎn Xiǎo Qī	活阎罗	Huó Yánluó	活阎罗:阮小七
32	**Yang Xiong**	杨雄	Yáng Xióng	病关索	Bìng Guān Suǒ	病关索:杨雄
33	**Shi Xiu**	石秀	Shí Xiù	拼命三郎	Pīnmìng Sānláng	拼命三郎:石秀

34	**Xie Zhen**	解珍	Jiě Zhēn	两头蛇	Liǎngtóu Shé	两头蛇:解珍
35	**Xie Bao**	解宝	Jiě Bǎo	双尾蝎	Shuāng Wěi Xiē	双尾蝎:解宝
36	**Yan Qing**	燕青	Yàn Qīng	浪子	Làngzǐ	浪子:燕青
37	**Zhu Wu**	朱武	Zhū Wǔ	神机军师	Shén Jī Jūnshī	神机军师:朱武
38	**Huang Xin**	黄信	Huáng Xìn	镇三山	Zhèn Sānshān	镇三山:黄信
39	**Sun Li**	孙立	Sūn Lì	病尉迟	Bìng Yùchí	病尉迟:孙立
40	**Praise**	宣赞	Xuān Zàn	丑郡马	Chǒu Jùn Mǎ	丑郡马:宣赞
41	**Hao Siwen**	郝思文	Hǎo Sīwén	井木犴	Jǐng Mù Àn	井木犴:郝思文
42	**Han Tao**	韩滔	Hán Tāo	百胜将	Bǎishèng Jiāng	百胜将:韩滔
43	**Peng Xiang**	彭玘	Péng Qǐ	天目将	Tiānmù Jiāng	天目将:彭玘
44	**Shan Tingyu**	单廷珪	Dān Tíng Guī	圣水将/圣水将军	Shèngshuǐ Jiāng, Shèngshuǐ Jiāngjūn	圣水将/圣水将军:单廷珪
45	**Wei Dingguo**	魏定国	Wèidìng Guó	神火将/神火将军	Shénhuǒ Jiāng/Shénhuǒ Jiāngjūn	神火将/神火将军:魏定国
46	**Xiao Rang**	萧让	Xiāo Ràng	圣手书生	Shèngshǒu Shūshēng	圣手书生:萧让
47	**Pei Xuan**	裴宣	Péi Xuān	铁面孔目	Tiě Miànkǒng Mù	铁面孔目:裴宣
48	**Ou Peng**	欧鹏	Ōu Péng	摩云金翅	Mó Yún Jīn Chì	摩云金翅:欧鹏
49	**Deng Fei**	邓飞	Dèng Fēi	火眼狻猊	Huǒyǎn Suān Ní	火眼狻猊:邓飞

50	**Yan Shun**	燕顺	Yàn Shùn	锦毛虎	Jǐn Máo Hǔ	锦毛虎:燕顺
51	**Yang Lin**	杨林	Yáng Lín	锦豹子	Jǐn Bàozi	锦豹子:杨林
52	**Ling Zhen**	凌振	Líng Zhèn	轰天雷	Hōng Tiān Léi	轰天雷:凌振
53	**Jiang Jing**	蒋敬	Jiǎng Jìng	神算子	Shén Suàn Zi	神算子:蒋敬
54	**Lv Fang**	吕方	Lǔfāng	小温侯	Xiǎo Wēn Hóu	小温侯:吕方
55	**Guo Sheng**	郭盛	Guō Shèng	赛仁贵	Sài Rén Guì	赛仁贵:郭盛
56	**An Daoquan**	安道全	Āndào Quán	神医	Shényī	神医:安道全
57	**Huangfu End**	皇甫端	Huángfǔ Duān	紫髯伯	Zǐ Rán Bó	紫髯伯:皇甫端
58	**Wang Ying**	王英	Wáng Yīng	矮脚虎	Ǎi Jiǎo Hǔ	矮脚虎:王英
59	**Hu Sanniang**	扈三娘	Hùsānniáng	一丈青	Yī Zhàng Qīng	一丈青:扈三娘
60	**Bao Xu**	鲍旭	Bào Xù	丧门神	Sàng Ménshén	丧门神:鲍旭
61	**Fan Rui**	樊瑞	Fánruì	混世魔王	Hùnshì mówáng	混世魔王:樊瑞
62	**Kong Ming**	孔明	Kǒngmíng	毛头星	Máo Tóu Xīng	毛头星:孔明
63	**Kong Liang**	孔亮	Kǒng Liàng	独火星	Dú Huǒxīng	独火星:孔亮
64	**Xiang Chong**	项充	Xiàng Chōng	八臂哪吒	Bā Bì Nǎ Zhā	八臂哪吒:项充
65	**Li Gung**	李衮	Lǐ Gǔn	飞天大圣	Fēitiān Dà Shèng	飞天大圣:李衮
66	**Jin Dajian**	金大坚	Jīndàjiān	玉臂匠	Yù Bì Jiàng	玉臂匠:金大坚
67	**Ma Lin**	马麟	Mǎ Lín	铁笛仙	Tiě Dí Xiān	铁笛仙:马

						麟
68	**Tong Wei**	童威	Tóng Wēi	出洞蛟	Chū Dòng Jiāo	出洞蛟:童威
69	**Tong Meng**	童猛	Tóng Měng	翻江蜃	Fān Jiāng Shèn	翻江蜃:童猛
70	**Meng Kang**	孟康	Mèng Kāng	玉幡竿	Yù Fān Gān	玉幡竿:孟康
71	**Hou Jian**	侯健	Hóu Jiàn	通臂猿	Tōng Bì Yuán	通臂猿:侯健
72	**Chen Da**	陈达	Chén Dá	跳涧虎	Tiào Jiàn Hǔ	跳涧虎:陈达
73	**Chun Yang**	杨春	Yáng Chūn	白花蛇	Báihuā Shé	白花蛇:杨春
74	**Zheng Tianshou**	郑天寿	Zhèng Tiānshòu	白面郎君	Báimiàn Láng Jūn	白面郎君:郑天寿
75	**Tao Zongwang**	陶宗旺	Táozōng Wàng	九尾龟	Jiǔ Wěi Guī	九尾龟:陶宗旺
76	**Song Qing**	宋清	Sòng Qīng	铁扇子	Tiě Shànzi	铁扇子:宋清
77	**Le He**	乐和	Lè He	铁叫子	Tiě Jiào Zi	铁叫子:乐和
78	**Gong Wang**	龚旺	Gōng Wàng	花项虎	Huā Xiàng Hǔ	花项虎:龚旺
79	**Ding Desun**	丁得孙	Dīng Dé Sūn	中箭虎	Zhōng Jiàn Hǔ	中箭虎:丁得孙
80	**Mu Chun**	穆春	Mù Chūn	小遮拦	Xiǎo Zhēlán	小遮拦:穆春
81	**Cao Zheng**	曹正	Cáo Zhèng	操刀鬼	Cāo Dāo Guǐ	操刀鬼:曹正
82	**Song Wan**	宋万	Sòng Wàn	云里金刚	Yún Lǐ Jīngāng	云里金刚:宋万
83	**Du Qian**	杜迁	Dù Qiān	摸着天	Mōzhe Tiān	摸着天:杜迁
84	**Xue Yong**	薛永	Xuē Yǒng	病大虫	Bìng Dàchóng	病大虫:薛永

85	**Shi En**	施恩	Shī Ēn	金眼彪	Jīn Yǎn Biāo	金眼彪:施恩
86	**Li Zhong**	李忠	Lǐ Zhōng	打虎将	Dǎ Hǔjiàng	打虎将:李忠
87	**Zhou Tong**	周通	Zhōu Tōng	小霸王	Xiǎo Bàwáng	小霸王:周通
88	**Tang Long**	汤隆	Tāng Lóng	金钱豹子	Jīnqiánbào Zi	金钱豹子:汤隆
89	**Du Xing**	杜兴	Dù Xìng	鬼脸儿	Guǐliǎn Er	鬼脸儿:杜兴
90	**Zou Yuan**	邹渊	Zōu Yuān	出林龙	Chū Lín Lóng	出林龙:邹渊
91	**Zou Run**	邹润	Zōu Rùn	独角龙	Dú Jiǎo Lóng	独角龙:邹润
92	**Zhu GUI**	朱贵	Zhū Guì	旱地忽律	Hàndì Hū Lǜ	旱地忽律:朱贵
93	**Zhu Fu**	朱富	Zhū Fù	笑面虎	Xiàomiàn hǔ	笑面虎:朱富
94	**Cai Fu**	蔡福	Cài Fú	铁臂膊	Tiě Bìbó	铁臂膊:蔡福
95	**Cai Qing**	蔡庆	Cài Qìng	一枝花	Yīzhī Huā	一枝花:蔡庆
96	**Li Li**	李立	Lǐ Lì	催命判官	Cuīmìng Pànguān	催命判官:李立
97	**Li Yun**	李云	Lǐ Yún	青眼虎	Qīngyǎn Hǔ	青眼虎:李云
98	**Jiao Ting**	焦挺	Jiāo Tǐng	没面目	Méi Miàn Mù	没面目:焦挺
99	**Shi Yong**	石勇	Shí Yǒng	石将军	Shí Jiāngjūn	石将军:石勇
100	**Sun Xin**	孙新	Sūn Xīn	小尉迟	Xiǎo Yùchí	小尉迟:孙新
101	**Aunt Gu**	顾大嫂	Gù Dàsǎo	母大虫	Mǔ Dàchóng	母大虫:顾大嫂
102	**Zhang**	张青	Zhāng Qīng	菜园子	Càiyuán Zi	菜园子:张

	Qing					青
103	**Sun Erniang**	孙二娘	Sūn'èr Niáng	母夜叉/母药叉	Mǔ Yèchā, Mǔ Yàochā	母夜叉/母药叉:孙二娘
104	**Wang Dingliu**	王定六	Wáng Dìng Liù	活闪婆/霍闪婆	Huó Shǎn Pó, Huò Shǎn Pó	活闪婆/霍闪婆:王定六
105	**Yu Baosi**	郁保四	Yù Bǎo Sì	险道神	Xiǎn Dào Shén	险道神:郁保四
106	**Bai Sheng**	白胜	Bái Shèng	白日鼠	Bái Rì Shǔ	白日鼠:白胜
107	**Time Shift**	时迁	Shí Qiān	鼓上蚤	Gǔ Shàng Zǎo	鼓上蚤:时迁
108	**Duan Jingzhu**	段景住	Duàn Jǐng Zhù	金毛犬	Jīnmáo Quǎn	金毛犬:段景住

SONG JIANG'S THREE BATTLES OF ZHUJIAZHUANG (宋江三打祝家庄)

1	黑帮	Hēibāng	Reactionary gang; sinister gang
2	不仅如此	Bùjǐn rúcǐ	Not only that; nor is this all; nay
3	政坛	Zhèngtán	Political circles
4	有关系	Yǒu guānxì	Be relevant; have connections
5	于是	Yúshì	Thereupon; hence; consequently; as a result
6	背后有靠山	Bèihòu yǒu kàoshān	Have something to rely upon; be well looked after by others
7	势力	Shìlì	Force; influence
8	欺负	Qīfù	Browbeat; take advantage of; pick on
9	心腹	Xīnfù	Trusted subordinate; henchman; reliable agent; bosom friend
10	告状	Gàozhuàng	Bring a lawsuit against something; file a suit; sue
11	祈求	Qíqiú	Earnestly hope; pray for
12	各位	Gèwèi	Everybody
13	好汉	Hǎohàn	Brave man; true man; hero
14	极力	Jílì	Do one's utmost; spare no effort
15	之下	Zhī xià	Under
16	攻打	Gōngdǎ	Attack; assault; assail
17	攻下	Gōng xià	Capture; take; overcome
18	招兵买马	Zhāobīng mǎimǎ	Hire men and buy horses; raise or enlarge an army
19	自己的	Zìjǐ de	Self
20	第二个	Dì èr gè	The second
21	还没有	Hái méiyǒu	Not yet
22	信服	Xìnfú	Completely accept; be convinced

23	威信	Wēixìn	Prestige; popular trust
24	说干就干	Shuō gàn jiù gàn	Start right now; act without delay
25	带兵	Dài bīng	Head troops
26	第一次	Dì yīcì	First; for the first time
27	可以说	Kěyǐ shuō	It is not too much to say; it is too much to say; so to speak
28	意气风发	Yìqìfēngfā	Be in high and vigorous spirit; be full of high spirits
29	第一次进攻	Dì yī cì jìngōng	First down
30	以失败告终	Yǐ shībài gàozhōng	End in disaster
31	敌方	Dí fāng	Enemy; hostile forces
32	赔了夫人又折兵	Péile fūrén yòu zhé bīng	Throw the helve after the hatchet
33	休整	Xiūzhěng	Rest and reorganization
34	一段时间	Yīduàn shíjiān	A period of time
35	第二次进攻	Dì èr cì jìngōng	Second down
36	进攻	Jìngōng	Attack; assault; offensive
37	这一次	Zhè yī cì	This time; on this occasion; for once
38	活捉	Huózhuō	Capture alive; catch alive
39	得力助手	Délì zhùshǒu	Right-hand man
40	相当于	Xiāngdāng yú	Be equal to, correspond to, be equivalent to
41	第三次进攻	Dì sān cì jìngōng	Third down
42	聪明	Cōngmíng	Intelligent; bright; clever
43	认识到	Rènshí dào	Realize

44	计谋	Jìmóu	Scheme; stratagem; plot
45	打入	Dǎ rù	Throw into; banish to; infiltrate
46	敌人	Dírén	Enemy; foe
47	骗取	Piànqǔ	Gain something by cheating; cheat something out of something; swindle; defraud
48	里应外合	Lǐyìng wàihé	Collaborate from within with forces from outside
49	措手不及	Cuòshǒu bùjí	Be taken by surprise; be caught unawares;
50	攻破	Gōngpò	Breakthrough; make a breakthrough; breach

Chinese (中文)

祝家庄是梁山附近的一个黑帮，不仅如此，祝家庄还具有很好的政商关系，在政坛上和商业上都有关系，相当于是背后有靠山，所以在当地具有很大的势力。

石秀和杨雄两人因为受到祝家庄的欺负，在宋江心腹的推荐下来到梁山告状，祈求各位梁山好汉的帮助。晁盖想都没想就拒绝了，但是在宋江的极力坚持之下，还是决定攻打祝家庄。

宋江坚持攻打祝家庄其实是有原因的，第一是因为此时的梁山正在建设之中，攻下祝家庄能得到一大笔财富，梁山就能够招兵买马，扩大自己的队伍了。第二个是因为这时候的宋江还没有得到大家的信服，他急需一把战役来确定自己的威信和地位，此时攻打祝家庄就是最好的选择。

说干就干，宋江亲自带兵，第一次攻打祝家庄，可以说是去的时候有多意气风发，回来的时候就有多士气大伤。第一次进攻以失败告终，杨雄还被敌方抓走了，可谓是赔了夫人又折兵。

休整了一段时间后，宋江又发起了第二次进攻，这次进攻仍以失败告终，但是比起第一次又有了一点进展，这一次宋江活捉了祝家庄的得力助手扈三娘，相当于削减了祝家庄的一翼。

第三次进攻，宋江学聪明了，他认识到不能硬攻，得用计谋。于是宋江安排了人打入敌人内部，骗取祝家庄的信任，最后来一个里应外合，打祝家庄一个措手不及，最后一战成功攻破祝家庄。

Pinyin (拼音)

Zhù jiā zhuāng shì liángshān fùjìn de yīgè hēibāng, bùjǐn rúcǐ, zhù jiā zhuāng hái jùyǒu hěn hǎo de zhèngshāng guānxì, zài zhèngtán shàng hé shāngyè shàng dū yǒu guānxì, xiāngdāng yúshì bèihòu yǒu kàoshān, suǒyǐ zài dāngdì jùyǒu hěn dà de shìlì.

Shí xiùhé yángxióng liǎng rén yīnwèi shòudào zhù jiā zhuāng de qīfù, zài sòngjiāng xīnfù de tuījiàn xiàlái dào liángshān gàozhuàng, qíqiú gèwèi liángshān hǎohàn de bāngzhù. Cháo gài xiǎng dōu méi xiǎng jiù jùjuéle, dànshì zài sòngjiāng de jílì jiānchí zhī xià, háishì juédìng gōngdǎ zhù jiā zhuāng.

Sòngjiāng jiānchí gōngdǎ zhù jiā zhuāng qíshí shì yǒu yuányīn de, dì yī shì yīnwèi cǐ shí de liángshān zhèngzài jiànshè zhī zhōng, gōng xià zhù jiā zhuāng néng dédào yī dà bǐ cáifù, liángshān jiù nénggòu zhāobīngmǎimǎ, kuòdà zìjǐ de duìwǔle. Dì èr gè shì yīnwèi zhè shíhòu de sòngjiāng hái méiyǒu dédào dàjiā de xìnfú, tā jíxū yī bǎ zhànyì lái quèdìng zìjǐ de wēixìn hé dìwèi, cǐ shí gōngdǎ zhù jiā zhuāng jiùshì zuì hǎo de xuǎnzé.

Shuō gàn jiù gàn, sòngjiāng qīnzì dài bīng, dì yīcì gōngdǎ zhù jiā zhuāng, kěyǐ shuō shì qù de shíhòu yǒu duō yìqìfēngfā, huílái de shíhòu jiù yǒu duō shìqì dà shāng. Dì yī cì jìngōng yǐ shībài gàozhōng, yángxióng hái bèi dí fāng zhuā zǒule, kěwèi shì péile fūrén yòu zhé bīng.

Xiūzhěngle yīduàn shíjiān hòu, sòngjiāng yòu fāqǐle dì èr cì jìngōng, zhè cì jìngōng réng yǐ shībài gàozhōng, dànshì bǐ qǐ dì yī cì yòu yǒule yīdiǎn jìnzhǎn, zhè yī cì sòngjiāng huózhuōle zhù jiā zhuāng de délì zhùshǒu hùsānniáng, xiāngdāng yú xuējiǎnle zhù jiā zhuāng de yīyì.

Dì sān cì jìngōng, sòngjiāng xué cōngmíngliǎo, tā rènshí dào bùnéng yìng gōng, dé yòng jìmóu. Yúshì sòngjiāng ānpáile rén dǎ rù dírén nèibù, piànqǔ zhù jiā zhuāng de xìnrèn, zuìhòu lái yīgè lǐyìngwàihé, dǎ zhù jiā zhuāng yīgè cuòshǒubùjí, zuìhòu yī zhàn chénggōng gōngpò zhù jiā zhuāng.

WU SONG FIGHTS THE TIGER (武松打虎)

1	小酒店	Xiǎo jiǔdiàn	Joint; public house
2	粗人	Cū rén	Rough fellow; careless person
3	平日	Píngrì	Ordinary days
4	不在乎	Bùzàihū	Not mind; not care; not to give a rap; immaterial
5	自己的	Zìjǐ de	Self
6	吃肉	Chī ròu	Eat meat
7	不知不觉	Bùzhī bù jué	Imperceptibly; unconsciously
8	吃饱喝足	Chī bǎo hē zú	Eat and drink one's fill; eat and drink to one's satisfaction;
9	连忙	Liánmáng	Promptly; immediately; instantly; in a hurry
10	阻拦	Zǔlán	Stop; prevent; tackle; obstruct
11	出没	Chūmò	Appear and disappear; come and go; haunt
12	一连	Yīlián	In a row; in succession; running
13	况且	Kuàngqiě	Moreover; besides; in addition; furthermore
14	留宿	Liúsù	Put up a guest for the night; bestow
15	明早	Míngzǎo	Tomorrow morning
16	启程	Qǐchéng	Set out; start on a journey
17	哄骗	Hǒngpiàn	Cheat; cajole; humbug; hoodwink
18	执意	Zhíyì	Insist on; be determined to; be bent on
19	拦不住	Lán bù zhù	Can't stop (something)
20	往前	Wǎng qián	Ahead; before; formerly; in the past

21	大树	Dà shù	Big tree
22	歪歪扭扭	Wāiwāi niǔniǔ	Crooked; askew; shapeless and twisted
23	走近	Zǒu jìn	Approach; step closer to
24	老虎	Lǎohǔ	Tiger
25	来往	Láiwǎng	Come and go; dealings; contact; intercourse
26	行人	Xíngrén	Pedestrian
27	结伴而行	Jiébàn ér xíng	Go in a group
28	店家	Diànjiā	Hotel owner or manager
29	伎俩	Jìliǎng	Trick; intrigue; maneuver
30	张贴	Zhāngtiē	Post; put up; post up; plaster
31	通报	Tōngbào	Circulate a notice; circular; bulletin; journal
32	伤人	Shāng rén	Inflict injuries; hurt something's feelings
33	开弓	Kāi gōng	Drawing the bow
34	犹豫	Yóuyù	Hesitate; be irresolute
35	一会儿	Yīhuǐ'er	A little while
36	上山	Shàngshān	Go up the mountain
37	此时	Cǐ shí	This moment; right now; now; at present
38	冬天	Dōngtiān	Winter
39	一路上	Yī lùshàng	All the way; throughout the journey
40	安慰	Ānwèi	Comfort; console
41	骗人	Piàn rén	Deceive people; cheat others
42	浑身	Húnshēn	From head to foot; all over
43	发热	Fārè	Give out heat; generate heat; heating; warming
44	力气	Lìqì	Effort; physical strength

45	大石头	Dà shítou	Rock; boulder
46	歇息	Xiēxī	Have a rest
47	刮起	Guā qǐ	Stir up; blow up
48	大风	Dàfēng	Fresh gale; gale; high wind
49	凶猛	Xiōngměng	Violent; ferocious; terrible
50	大老虎	Dà lǎohǔ	Big tiger; "big fish" in economic crimes
51	恶狠狠	Èhěnhěn	Fierce; ferocious; relentless
52	清醒	Qīngxǐng	Clear-headed; sober; come to; come round
53	束手就擒	Shùshǒu jiùqín	Allow oneself to be seized without putting up a fight; allow oneself to be arrested without offering any resistance
54	动静	Dòngjìng	The sound of something astir
55	旁边	Pángbiān	Side; nearby position; right by
56	过去了	Guòqùle	Pass away; die
57	来来回回	Lái láihuí hui	Back and forth; to and fro
58	回合	Huíhé	Round; bout
59	发威	Fāwēi	Demonstrate one's courage and power
60	棍子	Gùnzi	Rod; stick
61	棒子	Bàngzi	Stick; club; cudgel; maize
62	打死老虎	Dǎ sǐ lǎohǔ	Beat a dead tiger; attack something who has already lost his power
63	没想到	Méi xiǎngdào	Have not expected or thought of
64	看准	Kàn zhǔn	Be certain
65	使劲	Shǐjìn	Exert all one's strength; put in energy
66	使出	Shǐ chū	Use; exert
67	反抗	Fǎnkàng	Revolt; resist; react

68	一口气	Yī kǒuqì	One breath
69	动弹不得	Dòngtán bùdé	Cannot move; cannot move a step
70	不放心	Bù fàngxīn	Be anxious for; feel worried about
71	捡起	Jiǎn qǐ	Pick up
72	一阵	Yīzhèn	A burst; a fit; a puff; a peal
73	动弹	Dòngtán	Move; stir
74	松开	Sōng kāi	Loosen; unclasp; unfix; unlink

Chinese (中文)

武松打算上景阳冈，在山下的一个叫做"三碗不过冈"的小酒店里喝酒，武松是个粗人，平日里酷爱喝酒，喝起酒来丝毫不在乎自己的形象，大口吃肉，大口喝酒，不知不觉就喝了十八碗。

吃饱喝足后，武松打算上景阳冈。店老板知道后连忙阻拦，跟武松说最近景阳冈有老虎出没，一连伤了好多人，况且现在又是夜晚，夜晚经过更加危险。店主好心劝武松留宿一晚明早再启程，可是武松不听劝，还觉得这只是店老板哄骗顾客留宿的手段，执意要走，拦也拦不住。

武松继续往前走，看到一棵大树上写了歪歪扭扭的几行字，走近一看写的是"最近景阳冈上出现了老虎，来往行人最好白天结伴而行。"武松觉得这是店家的耍的伎俩，不管不顾继续往前走。

武松走到景阳冈下一座破庙前，发现门前张贴了一张县衙的公告，通报的就是景阳冈老虎伤人的事情。武松这才不得不相信，但是开弓没有回头箭，犹豫了一会儿，还是继续上山了。

此时正是冬天，天很快就黑了，一路上武松没有发现什么老虎，便安慰自己说道"哪有什么老虎，都是骗人的把戏罢了。"

武松走着走着，酒劲也上来了，觉得浑身发热没有力气，于是武松找了个大石头打算歇息一会儿。突然没过多久，突然刮起了大风，从石头后面窜出一只凶猛的大老虎，恶狠狠地盯着盯着武松。

此时的武松已经完全清醒了，他知道自己不能束手就擒，他时刻关注着老虎的动静，当老虎朝着武松扑过来的时候，武松往旁边一闪，便躲过去了。来来回回几个回合，武松都接连躲过去了，老虎发威了，武松便抄起自己的棍子，想要一棒子打死老虎，但没想到没打到老虎反而折了棍子，武松并没有就此放弃，他看准时机，抓住老虎的头皮使劲往地上按，使出最大的力气，一拳一拳地打在老虎身上，不知过了多久，老虎没有再反抗了，剩下一口气也动弹不得了，武松还是不放心，捡起断了的棍子，又打了一阵，等到老虎完全动弹不得的时候，武松这才放心松开老虎，继续往前走。

Pinyin (拼音)

Wǔsōng dǎsuàn shàng jǐng yáng gāng, zài shānxià de yīgè jiàozuò "sān wǎn bùguò gǎng" de xiǎo jiǔdiàn lǐ hējiǔ, wǔsōng shìgè cū rén, píngrì lǐ kù'ài hējiǔ, hē qǐ jiǔ lái sīháo bùzàihū zìjǐ de xíngxiàng, dàkǒu chī ròu, dàkǒu hējiǔ, bùzhī bù jué jiù hēle shíbā wǎn.

Chī bǎo hē zú hòu, wǔsōng dǎsuàn shàng jǐng yáng gāng. Diàn lǎobǎn zhīdào hòu liánmáng zǔlán, gēn wǔsōng shuō zuìjìn jǐng yáng gāng yǒu lǎohǔ chūmò, yīlián shāngle hǎoduō rén, kuàngqiě xiànzài yòu shì yèwǎn, yèwǎn jīngguò gèngjiā wéixiǎn. Diànzhǔ hǎoxīn quàn wǔsōng liúsù yī wǎn míngzǎo zài qǐchéng, kěshì wǔsōng bù tīng quàn, hái juédé zhè zhǐshì diàn lǎobǎn hǒngpiàn gùkè liúsù de shǒuduàn, zhíyì yào zǒu, lán yě lán bù zhù.

Wǔsōng jìxù wǎng qián zǒu, kàn dào yī kē dà shù shàng xiěle wāiwāiniǔniǔ de jǐ xíng zì, zǒu jìn yī kàn xiě de shì "zuìjìn jǐng yáng gāng shàng chūxiànle lǎohǔ, láiwǎng xíngrén zuì hǎo báitiān jiébàn ér xíng." Wǔsōng juédé zhè shì diànjiā de shuǎ de jìliǎng, bùguǎn bùgù jìxù wǎng qián zǒu.

Wǔsōng zǒu dào jǐng yáng gāng xià yīzuò pò miào qián, fāxiàn mén qián zhāngtiēle yī zhāng xiàn yá de gōnggào, tōngbào de jiùshì jǐng yáng gāng lǎohǔ shāng rén de shìqíng. Wǔsōng zhè cái bùdé bù xiāngxìn, dànshì kāi gōng méiyǒu huítóu jiàn, yóuyùle yīhuǐ'er, háishì jìxù shàngshānle.

Cǐ shí zhèng shì dōngtiān, tiān hěn kuài jiù hēile, yī lùshàng wǔsōng méiyǒu fāxiàn shénme lǎohǔ, biàn ānwèi zìjǐ shuōdao "nǎ yǒu shé me lǎohǔ, dōu shì piàn rén de bǎxì bàle."

Wǔsōng zǒuzhe zǒuzhe, jiǔ jìn yě shàngláile, juédé húnshēn fārè méiyǒu lìqì, yúshì wǔsōng zhǎole gè dà shítou dǎsuàn xiēxī yīhuǐ'er. Túrán méiguò duōjiǔ, túrán guā qǐle dàfēng, cóng shítou hòumiàn cuàn chū yī zhǐ xiōngměng de dà lǎohǔ, èhěnhěn de dīngzhe dīngzhe wǔsōng.

Cǐ shí de wǔsōng yǐjīng wánquán qīngxǐngle, tā zhīdào zìjǐ bùnéng shùshǒujiùqín, tā shíkè guānzhùzhe lǎohǔ de dòngjìng, dāng lǎohǔ cháozhe wǔsōng pū guòlái de shíhòu, wǔsōng wǎng pángbiān yī shǎn, biàn duǒ guòqùle. Lái láihuí huí jǐ gè huíhé, wǔsōng dōu jiēlián duǒ guòqùle, lǎohǔ fāwēile, wǔsōng biàn chāo qǐ zìjǐ de gùnzi, xiǎng yào yī bàngzi dǎ sǐ lǎohǔ, dàn méi xiǎngdào méi dǎ dào lǎohǔ fǎn'ér zhéle gùnzi, wǔsōng bìng méiyǒu jiùcǐ fàngqì, tā kàn zhǔnshí jī, zhuā zhù lǎohǔ de tóupí shǐjìn wǎng dìshàng àn, shǐ chū zuìdà de lìqì, yī quán yī quán de dǎ zài lǎohǔ shēnshang, bùzhīguòle duōjiǔ, lǎohǔ méiyǒu zài fǎnkàngle, shèng xià yī kǒuqì yě dòngtán bùdéle, wǔsōng háishì bù fàngxīn, jiǎn qǐ duànle de gùnzi, yòu dǎle yīzhèn, děngdào lǎohǔ wánquán dòngtán bùdé de shíhòu, wǔsōng zhè cái fàngxīn sōng kāi lǎohǔ, jìxù wǎng qián zǒu.

LIN JIAOTOU FACES WIND AND SNOW (林教头风雪山神庙)

1	话说	Huàshuō	Says
2	有一次	Yǒu yīcì	Once; on one occasion
3	遭到	Zāo dào	Suffer; meet with; encounter
4	陷害	Xiànhài	Frame; make a false charge against
5	发配	Fāpèi	Be transported to a distant place for penal servitude; banish
6	荒凉	Huāngliáng	Bleak and desolate; wild
7	过日子	Guòrìzi	Live; get along
8	度过	Dùguò	Spend; pass
9	团聚	Tuánjù	Reunite; unite; rally
10	一个人	Yīgè rén	One
11	叫做	Jiàozuò	Be called; be known as
12	恩公	Ēn gōng	Benefactor
13	至此	Zhìcǐ	Come here; arrive here
14	报答	Bàodá	Repay; requite; pay back; return
15	恩情	Ēnqíng	Loving-kindness; love; kindness
16	喝酒	Hējiǔ	Drink; drinking; drink wine; Drinks
17	衣物	Yīwù	Clothing and other articles of daily use
18	御寒	Yùhán	Keep out the cold
19	听见	Tīngjiàn	Hear
20	密谋	Mìmóu	Conspire; plot; scheme; conspiracy
21	杀害	Shāhài	Murder; kill; destruction
22	知道了	Zhīdàole	Got it; roger; I see
23	赶紧	Gǎnjǐn	Lose no time; hasten; run
24	调到	Diào dào	Be transferred to
25	草料	Cǎoliào	Forage; fodder; hay

26	严寒	Yánhán	Severe cold; bitter cold; killing freeze
27	受不了	Shòu bùliǎo	Be unable to endure; cannot stand (or endure)
28	于是	Yúshì	Thereupon; hence; consequently; as a result
29	打点	Dǎdiǎn	Dot; get ready
30	身子	Shēnzi	Body; pregnancy
31	大风	Dàfēng	Fresh gale; gale; high wind
32	大雪	Dàxuě	Great snow
33	不得不	Bùdé bù	Have no choice but to; be bound to; be obliged to do something; cannot but
34	神庙	Shén miào	Religious shrine; god's temple
35	留宿	Liúsù	Put up a guest for the night; bestow
36	想到	Xiǎngdào	Think of; call to mind; have at heart
37	咪咪	Mī mī	Mew
38	走进	Zǒu jìn	Walk into
39	原来	Yuánlái	Original; former; in the first place
40	此时此刻	Cǐ shí cǐkè	At this very moment; this hour and moment
41	化为灰烬	Huà wéi huījìn	Become food for the flames; turn to dust and ashes; reduced to ashes; be consumed by a fire
42	以为	Yǐwéi	Think; believe; consider
43	大火	Dàhuǒ	Big fire; conflagration
44	外出	Wàichū	Go out; be out; egress
45	打酒	Dǎ jiǔ	Buy wine
46	差点	Chàdiǎn	Not quite up to the mark; not good enough; slightly off
47	安安稳稳	Ān ānwěn wěn	Be firm and secure
48	死地	Sǐdì	Fatal position; deathtrap

49	生路	Shēnglù	Means of livelihood; way out
50	耐不住	Nài bù zhù	Unable to bear; unable to stand
51	杀死	Shā sǐ	Be killed
52	谋害	Móuhài	Plot to murder
53	自己的	Zìjǐ de	Self
54	小人	Xiǎo rén	A base person; villain; vile character
55	主人公	Zhǔréngōng	Leading character in a novel, etc.; hero or heroine; protagonist
56	安于现状	Ān yú xiànzhuàng	Happy with the status quo; be satisfied with the existing state of affairs and reluctant to move forward
57	奋起	Fènqǐ	Make a vigorous start; rise vigorously; rise with force and spirit
58	官府	Guānfǔ	Local authorities; administrative center; feudal official
59	无能	Wúnéng	Incompetent; incapable
60	掌权	Zhǎngquán	Be in power; wield power; exercise control
61	社会风气	Shèhuì fēngqì	General mood of society
62	世风日下	Shìfēng rì xià	The moral degeneration of the world is getting worse day by day
63	好日子	Hǎo rìzi	Auspicious day

Chinese (中文)

这里的林教头指的就是林冲，话说有一次，林冲遭到奸人陷害，被发配到荒凉的沧州。但是林冲抱着也既来之则安之的态度，在这安稳地过日子，想着度过这段日子之后就可以回家团聚了。

在沧州，林冲遇到了他之前救过的一个人叫做李小二。李小二现在在沧州开了个茶铺，知道恩公被发配至此，报答之前的恩情，也给予了武松很多帮助，请他喝酒吃饭，还给了他很多衣物御寒。

有一次，李小二在他的茶铺里听见了几个人谈话，他们密谋杀害林冲。李小二知道了赶紧通知林冲，要林冲近日小心一些。

不久后，林冲被调到草料场工作。有一次，由于天气实在是太严寒了，林冲受不了这天气，于是想着去打点酒喝暖暖身子，但回来的时候发现草料场已经被大风和大雪压塌了，林冲不得不来到山神庙留宿一晚。

让林冲没有想到的是，这庙里还有人，而且还在悄咪咪讨论着些什么。林冲走进一听才知道原来这几个人想害死自己，此时此刻的草料场已经化为灰烬了，他们都以为林冲死在了大火之中，而林冲外出打酒逃过一劫。

想到自己差点就被人设计而死，林冲十分愤怒，他原来想着安安稳稳过日子，看样子有人是一定要治他于死地，不会给他一条生路的。林冲再也按耐不住，杀死了那三个想谋害自己的小人。

这个故事主要表现的是主人公林冲从安于现状到奋起反抗的过程，在这样的环境之下，官府腐败无能，而且小人掌权，社会风气世风日下，林冲根本就没有好日子过，反抗才是他唯一的出路。

Pinyin (拼音)

Zhèlǐ de lín jiàotóu zhǐ de jiùshì línchōng, huàshuō yǒu yīcì, línchōng zāo dào jiān rén xiànhài, pī fà pèi dào huāngliáng de cāngzhōu. Dànshì línchōng bàozhe yě jì lái zhī zé ānzhī dì tàidù, zài zhè ānwěn de guòrìzi, xiǎngzhe dùguò zhè duàn rì zǐ zhīhòu jiù kěyǐ huí jiā tuánjùle.

Zài cāngzhōu, línchōng yù dàole tā zhīqián jiùguò de yīgèrén jiàozuò lǐ xiǎo èr. Lǐ xiǎo èr xiànzài zài cāngzhōu kāile gè chá pù, zhīdào ēn gōng pī fà pèi zhìcǐ, bàodá zhīqián de ēnqíng, yě jǐyǔle wǔsōng hěnduō bāngzhù, qǐng tā hējiǔ chīfàn, hái gěile tā hěnduō yīwù yùhán.

Yǒu yīcì, lǐ xiǎo èr zài tā de chá pù lǐ tīngjiànle jǐ gèrén tánhuà, tāmen mìmóu shāhài línchōng. Lǐ xiǎo èr zhīdàole gǎnjǐn tōngzhī línchōng, yào línchōng jìnrì xiǎoxīn yīxiē.

Bùjiǔ hòu, línchōng bèi diào dào cǎoliào chǎng gōngzuò. Yǒu yīcì, yóuyú tiānqì shízài shì tài yánhánle, línchōng shòu bùliǎo zhè tiānqì, yúshì xiǎngzhe qù dǎdiǎn jiǔ hē nuǎn nuǎn shēnzi, dàn huílái de shíhòu fāxiàn cǎoliào chǎng yǐjīng bèi dàfēng hé dàxuě yā tāle, línchōng bùdé bù lái dào shān shén miào liúsù yī wǎn.

Ràng línchōng méiyǒu xiǎngdào de shì, zhè miào lǐ hái yǒurén, érqiě hái zài qiāo mī mī tǎolùnzhe xiē shénme. Línchōng zǒu jìn yī tīng cái zhīdào yuánlái zhè jǐ gè rén xiǎng hài sǐ zìjǐ, cǐ shí cǐkè de cǎoliào chǎng yǐjīng huà wéi huījìnle, tāmen dōu yǐwéi línchōng sǐ zàile dàhuǒ zhī zhōng, ér línchōng wàichū dǎ jiǔ táoguò yī jié.

Xiǎngdào zìjǐ chàdiǎn jiù bèi rén shèjì ér sǐ, línchōng shífēn fènnù, tā yuánlái xiǎngzhe ān ānwěn wěn guò rìzi, kàn yàngzi yǒurén shì yīdìng yào zhì tā yú sǐdì, bù huì gěi tā yītiáo shēnglù de. Línchōng zài yě àn nài bù zhù, shā sǐle nà sān gè xiǎng móuhài zìjǐ de xiǎo rén.

Zhège gùshì zhǔyào biǎoxiàn de shì zhǔréngōng línchōng cóng ān yú xiànzhuàng dào fènqǐ fǎnkàng de guòchéng, zài zhèyàng de huánjìng zhī xià, guānfǔ fǔbài wúnéng, érqiě xiǎo rén zhǎngquán, shèhuì fēngqì shìfēng rì xià, línchōng gēnběn jiù méiyǒu hǎo rìziguò, fǎnkàng cái shì tā wéiyī de chūlù.

LU ZHISHEN BEATS ZHEN GUANXI (鲁智深拳打镇关西)

1	水浒传	Shuǐhǔ zhuàn	Water Margin; All Men Are Brothers, a popular fiction by Shi Nai'an
2	有名	Yǒumíng	Well-known; famous; celebrated
3	外号	Wài hào	Nickname
4	和尚	Héshàng	Buddhist monk
5	题目	Tímù	Title; subject; topic; exercise problems
6	一个人	Yīgèrén	One
7	恶人	È rén	Evil person; vile creature; villain
8	横行霸道	Héngxíng bàdào	Run amuck; act against law and reason
9	苦不堪言	Kǔ bùkān yán	Suffer unspeakably
10	酒楼	Jiǔlóu	Hotel with balcony
11	喝酒	Hējiǔ	Drink; drinking; drink wine; Drinks
12	哭声	Kū shēng	Crying
13	热心肠	Rèxīncháng	Warm heart; warm-heartedness
14	连忙	Liánmáng	Promptly; immediately; instantly; in a hurry
15	过后	Guòhòu	Afterwards; later
16	恶霸	Èbà	Local tyrant; local despot; bully
17	人家	Rénjiā	Household; other; another
18	抛弃	Pāoqì	Throw away; abandon; forsake; cast away
19	脾气	Píqì	Temperament; disposition

20	恨不得	Hènbudé	Very anxious to; itch to
21	碎尸万段	Suì shī wàn duàn	Tear something to shreds; be torn limb from limb
22	解气	Jiěqì	Work off one's anger; vent one's spite upon something
23	好在	Hǎo zài	Fortunately; luckily
24	父女	Fù nǚ	Father and daughter
25	在这里	Zài zhèlǐ	Here; Here it is; over here
26	成家	Chéngjiā	Get married
27	唯有	Wéi yǒu	Only if; only; alone
28	亲自	Qīnzì	Personally; in person; oneself
29	来到	Lái dào	Arrive; come
30	官府	Guānfǔ	Local authorities; administrative center; feudal official
31	名义	Míngyì	Name; nominal; titular; in name
32	屠宰	Túzǎi	Butcher; slaughter
33	瘦肉	Shòu ròu	Lean; lean meat
34	肥肉	Féi ròu	Fat meat; speck; fat
35	软骨	Ruǎngǔ	Cartilage; bone; gristle
36	不对劲	Bùduìjìn	Not in harmony; feeling not at par; listless
37	反应	Fǎnyìng	Reaction; response; repercussion
38	过来	Guòlái	Come over; come up; can manage
39	拿起	Ná qǐ	Pick up
40	哪里	Nǎlǐ	Where
41	对手	Duìshǒu	Opponent; adversary; rival
42	不但	Bùdàn	Not only
43	惹怒	Rě nù	Rile; chafe; provoke

44	出手	Chūshǒu	Get off one's hands; dispose of; sell
45	没想到	Méi xiǎngdào	Have not expected or thought of
46	打死	Dǎ sǐ	Beat to death
47	痛恨	Tònghèn	Hate bitterly; utterly detest
48	知道	Zhīdào	Know; realize; be aware of
49	迅速	Xùnsù	Rapid; swift; speedy
50	逃离	Táolí	Flee
51	现场	Xiànchǎng	Scene; site; spot; on-site
52	等到	Děngdào	By the time; when
53	时候	Shíhòu	Time
54	地方	Dìfāng	Place; space; room; locality; local
55	故事	Gùshì	Story; tale; plot; old practice; routine
56	看出	Kàn chū	Make out; perceive; find out; be aware of
57	嫉恶如仇	Jí'è rú chóu	Hate evil as one does one's enemy; abhor evils as deadly foes; hate evil as if it were one's enemy; hate evil as one's enemy
58	路见不平拔刀相助	Lù jiàn bùpíng bádāo xiāngzhù	Help each other in the face of injustice
59	但是	Dànshì	But; however; yet; still
60	这种	Zhè zhǒng	This (kind of); such
61	冲动	Chōngdòng	Impulse; impulsion
62	带来	Dài lái	Bring about; produce
63	一些	Yīxiē	A number of; certain; some; a

			few
64	麻烦	Máfan	Troublesome; inconvenient

Chinese (中文)

鲁智深也是《水浒传》当中特别有名的一个人物，人送外号"花和尚"。题目当中的"镇关西"其实是一个人，准确来说是一个恶人，本名叫郑屠。郑屠开了一间肉铺，但是为人横行霸道，很多百姓都苦不堪言。

有一次，鲁智深和朋友在酒楼喝酒聊天，喝着喝着，突然听到附近传来的哭声。鲁智深是个热心肠的人，连忙找到哭声的来源。了解过后才知道，恶霸镇关西在强娶了一名女子后又把人家抛弃了，鲁智深听到后十分生气，以他这暴脾气，恨不得把那镇关西碎尸万段才能够解气，好在被他身边的朋友拦了下来。

鲁智深冷静下来后，打算给那父女凑点钱，安排他们离开，这女子被人娶了又抛弃，在这里肯定是再难成家了，唯有离开这里才能开始新的生活。

亲自送父女两人离开后，鲁智深来到郑屠的肉铺前，他以官府的名义让郑屠亲自宰肉，他先是让郑屠宰了十斤瘦肉，又让他宰十斤肥肉，最后还让他宰十斤软骨，郑屠这才发现不对劲，反应过来鲁智深是在耍他，拿起砍肉的刀就要朝着鲁智深砍去，但是郑屠哪里是鲁智深的对手，这一刀不但没有伤着鲁智深，还把他惹怒了，鲁智深对郑屠出手，但是鲁智深没想到自己几拳就把他打死了。

鲁智深虽痛恨郑屠，但没想把他打死。鲁智深知道自己玩大了，便迅速逃离了现场。等到官府来抓人的时候，鲁智深已经逃到别的地方去了。

从这个故事我们可以看出鲁智深是一个嫉恶如仇，路见不平拔刀相助的人，但是他这种冲动也会给他带来一些麻烦。

Pinyin (拼音)

Lǔzhìshēn yěshì "shuǐhǔ zhuàn" dāngzhōng tèbié yǒumíng de yīgèrénwù, rén sòng wài hào "huāhéshàng". Tímù dāngzhōng de "zhèn guān xī" qíshí shì yīgè rén, zhǔnquè lái shuō shì yīgè è rén, běnmíng jiào zhèng tú. Zhèng tú kāile yī jiàn ròu pù, dànshì wéirén héngxíngbàdào, hěnduō bǎixìng dōu kǔ bùkān yán.

Yǒu yīcì, lǔzhìshēn hé péngyǒu zài jiǔlóu hējiǔ liáotiān, hēzhe hēzhe, túrán tīng dào fùjìn chuán lái de kū shēng. Lǔzhìshēn shìgè rèxīncháng de rén, liánmáng zhǎodào kū shēng de láiyuán. Liǎojiě guòhòu cái zhīdào, èbà zhèn guān xī zài qiáng qǔle yī míng nǚzǐ hòu yòu bǎ rénjiā pāoqìle, lǔzhìshēn tīng dào hòu shífēn shēngqì, yǐ tā zhè bào píqì, hènbudé bǎ nà zhèn guān xī suì shī wàn duàn cáinénggòu jiěqì, hǎo zài bèi tā shēnbiān de péngyǒu lánle xiàlái.

Lǔzhìshēn lěngjìng xiàlái hòu, dǎsuàn gěi nà fù nǚ còu diǎn qián, ānpái tāmen líkāi, zhè nǚzǐ bèi rén qǔle yòu pāoqì, zài zhèlǐ kěndìng shì zài nán chéngjiāle, wéi yǒu líkāi zhèlǐ cái néng kāishǐ xīn de shēnghuó.

Qīnzì sòng fù nǚ liǎng rén líkāi hòu, lǔzhìshēn lái dào zhèng tú de ròu pù qián, tā yǐ guānfǔ de míngyì ràng zhèng tú qīnzì zǎi ròu, tā xiānshi ràng zhèng túzǎile shí jīn shòu ròu, yòu ràng tā zǎi shí jīn féi ròu, zuìhòu hái ràng tā zǎi shí jīn ruǎngǔ, zhèng tú zhè cái fāxiàn bùduìjìn, fǎnyìng guòlái lǔzhìshēn shì zài shuǎ tā, ná qǐ kǎn ròu de dāo jiù yào cháozhe lǔzhìshēn kǎn qù, dànshì zhèng tú nǎlǐ shì lǔzhìshēn de duìshǒu, zhè yīdāo bùdàn méiyǒu shāngzhe lǔzhìshēn, hái bǎ tā rě nùle, lǔzhìshēn duì zhèng tú chūshǒu, dànshì lǔzhìshēn méi xiǎngdào zìjǐ jǐ quán jiù bǎ tā dǎ sǐle.

Lǔzhìshēn suī tònghèn zhèng tú, dàn méi xiǎng bǎ tā dǎ sǐ. Lǔzhìshēn zhīdào zìjǐ wán dàle, biàn xùnsù táolíle xiànchǎng. Děngdào guānfǔ lái zhuā rén de shíhòu, lǔzhìshēn yǐjīng táo dào bié dì dìfāng qùle.

Cóng zhège gùshì wǒmen kěyǐ kàn chū lǔzhìshēn shì yīgè jí'èrúchóu, lù jiàn bùpíng bádāoxiāngzhù de rén, dànshì tā zhè zhǒng chōngdòng yě huì gěi tā dài lái yīxiē máfan.

WU YONG TAKES BIRTHDAY GIFTS (吴用智取生辰纲)

1	有名	Yǒumíng	Well-known; famous; celebrated
2	军师	Jūnshī	Military counsellor; army adviser
3	外号	Wài hào	Nickname
4	智多星	Zhìduōxīng	Resourceful person; mastermind
5	既然	Jìrán	Since; as; now that
6	肯定	Kěndìng	Affirm; approve; confirm; regard as positive
7	足智多谋	Zúzhì duōmóu	Be able and crafty; a resourceful man with a fund of it; be able enough and clever
8	才能	Cáinéng	Talent; ability; gift; aptitude
9	称号	Chēnghào	Title; name; designation
10	生辰	Shēngchén	Birth date
11	奇珍异宝	Qí zhēn yì bǎo	Priceless treasures; rare jewels and precious stones
12	重任	Zhòngrèn	Important task; heavy responsibility; important mission; important office
13	一路上	Yī lùshàng	All the way; throughout the journey
14	行军速度	Xíngjūn sùdù	Rate of march
15	早日	Zǎorì	At an early date; early; soon
16	到达目的地	Dàodá mùdì de	Get to something's journey's end; reach something's destination
17	路途	Lùtú	Road; path
18	艰险	Jiānxiǎn	Hardships and dangers; perilous
19	怨声载道	Yuànshēng	Voices of discontent are heard

		zàidào	everywhere
20	一开始	Yī kāishǐ	In the outset
21	老老实实	Lǎo lǎoshí shí	Behave oneself; play no tricks; honestly and sincerely
22	听话	Tīnghuà	Heed what an elder or superior says; be obedient; behave; tractable
23	不听	Bù tīng	Turn a deaf ear to; stop one's ears
24	一群人	Yīqún rén	Company; crowd of people; group of people
25	没办法	Méi bànfǎ	No way out; have no choice but
26	过夜	Guòyè	Pass the night; put up for the night; stay overnight
27	强盗	Qiángdào	Robber; bandit; pirate; highwayman
28	出没	Chūmò	Appear and disappear; come and go; haunt
29	小心翼翼	Xiǎoxīn yìyì	With great care; be very scrupulous
30	假扮	Jiǎbàn	Disguise oneself as; dress up as
31	路过	Lùguò	Pass by
32	旅途劳顿	Lǚtú láodùn	The hardships of travel; weariness from a tiring journey; the exertion of travelling
33	疲惫不堪	Píbèi bùkān	Whacked to the wide -- terribly fatigued; being fatigued to the extreme; be tired beyond endurance; be tired to death
34	贩子	Fànzi	Dealer; monger; trafficker
35	个个	Gè gè	Each and every one; all
36	不得了	Bùdéle	Terrible; horrible; desperately

			serious
37	不相信	Bù xiāngxìn	Disbelief
38	来路	Lái lù	Incoming road; approach; origin; antecedents
39	好心	Hǎoxīn	Good intention
40	等人	Děng rén	People of the same rank/grade; and others; wait for someone
41	立刻	Lìkè	Immediately; at once; right away; in the turn of a hand
42	装作	Zhuāng zuò	Pretend; feign
43	冤屈	Yuānqū	Wrong; treat-unjustly
44	警惕	Jǐngtì	Be on guard against; watch out for; be vigilant; be on the alert
45	试探性	Shìtàn xìng	Trial; exploratory; probing
46	将计就计	Jiāngjì jiùjì	Turn something's trick to one's own use; beat something at his own game; meet trick with trick; meet one ruse with another
47	就是说	Jiùshì shuō	That is to say; in other words; namely
48	放心	Fàngxīn	Set one's mind at rest; be at ease; rest assured
49	功夫	Gōngfū	Workmanship; skill; art; ability
50	顺便	Shùnbiàn	Conveniently; in passing; while you are at it; without extra effort
51	蒙汗药	Ménghàn yào	Knockout drops; a narcotic believed to have been used by highwaymen, etc. to drug their victims
52	配合	Pèihé	Coordinate; cooperate
53	天衣无缝	Tiānyī wúfèng	A seamless heavenly robe; flawless; perfect; without a trace

54	端倪	Duānní	Clue; inkling
55	没有	Méiyǒu	Not have; there is not; be without; not so ...as
56	出来	Chūlái	Come out; emerge
57	买到	Mǎi dào	(Have) bought
58	过一会儿	Guò yīhuǐ'er	Later; after a moment
59	全都	Quándōu	All; completely; without exception
60	最后	Zuìhòu	Last; final; ultimate
61	成功	Chénggōng	Success; succeed; successful

Chinese (中文)

在《水浒传》中，吴用是一名有名的军师，人送外号"智多星"。既然作为军师，吴用肯定是足智多谋的，才能配得起军师这个称号。

杨志受派遣运送生辰纲，所谓的生辰纲，其实就是奇珍异宝。杨志接下这个重任，一路上十分小心，一路上都在加快行军速度，想早日到达目的地。但是士兵们哪里受得了这路途艰险，一路上怨声载道，一开始还老老实实的听话，到了后面也不听杨志的话，坚持要在树林里休息一晚。杨志一个人哪里拗得过这一群人，没办法只好在这过夜了，但这片树林里经常有强盗出没，杨志更加小心翼翼。

吴用晁盖等人假扮成卖酒的商人路过，士兵们本来就旅途劳顿，疲惫不堪，这下碰上了卖酒的贩子，一个个激动的不得了。但是杨志不相信这群来路不明的商人，他甚至怀疑他们不安好心，酒里可能下了药，所以不让士兵们买。

晁盖吴用等人见状，便立刻装作受了冤屈的样子，自己一行人喝起了酒来，杨志见状，有点放松了警惕，试探性地问了句卖不卖，晁盖吴用等人将计就计，就是说不卖，这让杨志更加放松了警惕，放心买酒。

晁盖和吴用在倒酒的功夫里顺便在酒里下了蒙汗药，配合得是天衣无缝，杨志一点端倪都没有看出来。

杨志买到酒后，开始大口喝酒，没过一会儿，杨志一行人全都被蒙汗药迷晕了。最后晁盖吴用等人成功把生辰纲劫走。

Pinyin (拼音)

Zài "shuǐhǔ zhuàn" zhōng, wú yòng shì yī míng yǒumíng de jūnshī, rén sòng wài hào "zhìduōxīng". Jìrán zuòwéi jūnshī, wú yòng kěndìng shì zúzhìduōmóu de, cáinéng pèi dé qǐ jūnshī zhège chēnghào.

Yáng zhì shòu pàiqiǎn yùnsòng shēngchén gāng, suǒwèi de shēngchén gāng, qíshí jiùshì qí zhēn yì bǎo. Yáng zhì jiē xià zhège zhòngrèn, yī lùshàng shífēn xiǎoxīn, yī lùshàng dū zài jiākuài xíngjūn sùdù, xiǎng zǎorì dàodá mùdì de. Dànshì shìbīngmen nǎlǐ shòu déliǎo zhè lùtú jiānxiǎn, yī lùshàng yuànshēngzàidào, yī kāishǐ hái lǎo lǎoshí shí de tīnghuà, dàole hòumiàn yě bù tīng yáng zhì dehuà, jiānchí yào zài shùlín lǐ xiūxí yī wǎn. Yáng zhì yīgè rén nǎlǐ ǎo déguò zhè yīqún rén, méi bànfǎ zhǐhǎo zài zhè guòyèle, dàn zhè piàn shùlín lǐ jīngcháng yǒu qiángdào chūmò, yáng zhì gèngjiā xiǎoxīnyìyì.

Wú yòng cháo gài děng rén jiǎbàn chéng mài jiǔ de shāngrén lùguò, shìbīngmen běnlái jiù lǚtú láodùn, píbèi bùkān, zhè xià pèng shàngle mài jiǔ de fànzi, yīgè gè jīdòng de bùdéle. Dànshì yáng zhì bù xiāngxìn zhè qún lái lù bùmíng de shāngrén, tā shènzhì huáiyí tāmen bù'ān hǎoxīn, jiǔ lǐ kěnéng xiàle yào, suǒyǐ bù ràng shìbīngmen mǎi.

Cháo gài wú yòng děng rén jiàn zhuàng, biàn lìkè zhuāng zuò shòule yuānqū de yàngzi, zìjǐ yīxíng rén hē qǐle jiǔ lái, yáng zhì jiàn zhuàng, yǒudiǎn fàngsōngle jǐngtì, shìtàn xìng dì wènle jù mài bù mài, cháo gài wú yòng děng rén jiāngjìjiùjì, jiùshì shuō bu mài, zhè ràng yáng zhì gèngjiā fàngsōngle jǐngtì, fàngxīn mǎi jiǔ.

Cháo gài hé wú yòng zài dào jiǔ de gōngfū lǐ shùnbiàn zài jiǔ lǐ xiàle ménghànyào, pèihé dé shì tiānyīwúfèng, yáng zhì yīdiǎn duānní dōu méiyǒu kàn chūlái.

Yáng zhì mǎi dào jiǔ hòu, kāishǐ dàkǒu hējiǔ, méiguò yīhuǐ'er, yáng zhì yīxíng rén quándōu bèi ménghànyào mí yūnle. Zuìhòu cháo gài wú yòng děng rén chénggōng bǎ shēngchén gāng jié zǒu.

REAL AND FAKE LI KUI (真假李逵)

1	当中	Dāngzhōng	In the middle
2	人物	Rénwù	Figure; personage; person in literature; character
3	江湖	Jiānghú	Rivers and lakes
4	人称	Rénchēng	Person
5	旋风	Xuànfēng	Whirlwind; whirl; vortex
6	从小	Cóngxiǎo	From childhood; since one was very young; as a child
7	皮肤	Pífū	Skin; hide
8	黝黑	Yǒuhēi	Dark; swarthy
9	名气	Míngqì	Reputation; fame; name
10	强盗	Qiángdào	Robber; bandit; pirate; highwayman
11	冒充	Mào chōng	Pretend to be; pass something or something off as
12	名号	Míng hào	Name; title; fame
13	自称	Zìchēng	Call oneself
14	平日	Píngrì	Ordinary days
15	过路人	Guòlù rén	Passerby
16	打劫	Dǎjié	Rob; plunder; loot
17	钱财	Qiáncái	Wealth; money
18	吃不了兜着走	Chī bùliǎo dōuzhe zǒu	Get more than one bargained for
19	上演	Shàngyǎn	Put on the stage; perform; give a public performance; on show
20	苦肉计	Kǔròujì	The use of self-injury to win something's confidence
21	上有老下	Shàng yǒu	There are old and young at

	有小	lǎo xià yǒu xiǎo	home
22	年迈	Niánmài	Old; aged
23	多病	Duō bìng	Susceptible to diseases; constantly ill
24	家人	Jiārén	Family member; servant
25	不得已	Bùdéyǐ	Act against one's will; be forced to; have no alternative but to; have to
26	声泪俱下	Shēnglèi jùxià	Make a pitiful plea; in a tearful voice
27	放过	Fàngguò	Let off; let slip
28	盘缠	Pánchán	Money for the journey; travelling expenses
29	到此为止	Dào cǐ wéizhǐ	Only this and nothing more; so much for that; Stop here; thus far
30	没想到	Méi xiǎngdào	Have not expected or thought of
31	偶然	Ǒurán	Accidental; fortuitous; casual; incidental
32	对话	Duìhuà	Have a dialogue or conversation; dialogue; conversation; talk
33	原来	Yuánlái	Original; former; in the first place
34	煽情	Shānqíng	Rouse emotion, sentiment, fervor
35	编造	Biānzào	Compile; draw up; work out
36	生气	Shēngqì	Take offence; get angry
37	心头	Xīntóu	Mind; heart; notion; idea

Chinese (中文)

李逵也是《水浒传》当中的一个人物，江湖人称"黑旋风"。为什么叫"黑旋风"，那是因为李逵从小就皮肤黝黑，李逵这号人物在江湖上还是有一定名气的。

李逵回家接母亲的时候，碰上了一个强盗，更有意思的是这强盗冒充的还是李逵的名号，自称是"李鬼"，借着李逵的名气，平日里向过路人打劫钱财。这下被李逵抓个现行，肯定吃不了兜着走了。

但是这假李逵上演了一出苦肉计，谎称自己上有老下有小，家里有一年迈多病的母亲，全家人就靠他了，他是不得已才这样做的。而且说的时候声泪俱下，李逵不仅放过了他，还给他一点盘缠。

本以为假李逵的故事到此为止，没想到故事还在继续。李逵偶然间听到了假李逵和他妻子的对话，原来，那些煽情的话都是假李逵编造出来的，李逵十分生气，直接把假李逵杀了以泄心头之恨。

Pinyin (拼音)

Lǐkuí yěshì "shuǐhǔ zhuàn" dāngzhōng de yīgè rénwù, jiānghú rénchēng "hēi xuànfēng". Wèishéme jiào "hēi xuànfēng ", nà shì yīnwèi lǐkuí cóngxiǎo jiù pífū yǒuhēi, lǐkuí zhè hào rénwù zài jiānghú shàng háishì yǒuyīdìng míngqì de.

Lǐkuí huí jiā jiē mǔqīn de shíhòu, pèng shàngle yīgè qiángdào, gèng yǒuyìsi de shì zhè qiángdào màochōng de háishì lǐkuí de míng hào, zìchēng shì "lǐ guǐ", jièzhe lǐkuí de míngqì, píngrì lǐ xiàng guòlù rén dǎjié qiáncái. Zhè xià bèi lǐkuí zhuā gè xiànxíng, kěndìng chī bùliǎo dōuzhe zǒule.

Dànshì zhè jiǎ lǐkuí shàngyǎnle yī chū kǔròujì, huǎng chēng zìjǐ shàng yǒu lǎo xià yǒu xiǎo, jiā li yǒu yī niánmài duō bìng de mǔqīn, quánjiā rén jiù kào tāle, tā shì bùdéyǐ cái zhèyàng zuò de. Érqiě shuō de shíhòu shēnglèijùxià, lǐkuí bùjǐn fàngguòle tā, hái gěi tā yīdiǎn pánchán.

Běn yǐwéi jiǎ lǐkuí de gùshì dào cǐ wéizhǐ, méi xiǎngdào gùshì hái zài jìxù. Lǐkuí ǒurán jiān tīng dàole jiǎ lǐkuí hé tā qīzi de duìhuà, yuánlái, nàxiē shāngqíng dehuà dōu shì jiǎ lǐkuí biānzào chūlái de, lǐkuí shífēn shēngqì, zhíjiē bǎ jiǎ lǐkuí shāle yǐ xiè xīntóu zhī hèn.

www.QuoraChinese.com

www.ingramcontent.com/pod-product-compliance
Lightning Source LLC
LaVergne TN
LVHW061957070526
838199LV00060B/4180

9798887342399